AF130851

JÖRG JUSSDJG

ASPERGER
UND JÖRG

EINE VER-RÜCKTE REISE

*EIN RATGEBER FÜR ALLE BETROFFENEN UND
INTERESSIERTEN JEDEN ALTERS UND JEDEN GESCHLECHTES
Das Asperger-Syndrom ist ein **GESCHENK!!!**
Es ist **KEINE KRANKHEIT!***

novum 🔷 pro

Dieses Buch ist auch als
e-book
erhältlich.

© 2025 novum publishing gmbh
Rathausgasse 73, A-7311 Neckenmarkt
office@novumverlag.com

ISBN 978-3-7116-0686-0
Lektorat: Katharina Kirchner
Umschlaggestaltung, Layout & Satz:
novum Verlag
Innenabbildungen:
siehe Bildquellennachweis S. 75

Bibliografische Information
der Deutschen Nationalbibliothek:

Die Deutsche Nationalbibliothek
verzeichnet diese Publikation in
der Deutschen Nationalbibliografie.
Detaillierte bibliografische Daten
sind im Internet über
http://www.d-nb.de abrufbar.

Trotz aller Bemühungen ist es
dem Autor nicht gelungen, alle
Rechteinhaber der Bilder ausfindig zu
machen. Setzen Sie sich daher bitte
mit dem Verlag in Verbindung, falls
Vergütungen anliegen.

Die vom Autor zur Verfügung gestellten
Abbildungen wurden in der bestmög-
lichen Qualität gedruckt.

www.novumverlag.com

Gedruckt in der Europäischen Union
auf umweltfreundlichem, chlor- und
säurefrei gebleichtem Papier.

Druckprodukt mit finanziellem
Klimabeitrag
ClimatePartner.com/16547-2311-1001

Inhaltsverzeichnis

Vorwort/Präambel

Was in der Schweizer Bundesverfassung SEIT 1848 geschrieben ist, gilt auch für Jörg – den Asperger als Ethos für das Leben: *„Im Namen Gottes des Allmächtigen! Das Schweizervolk und die Kantone, in der Verantwortung gegenüber der Schöpfung, im Bestreben, den Bund zu erneuern, um Freiheit und Demokratie, Unabhängigkeit und Frieden in Solidarität und Offenheit gegenüber der Welt zu stärken, im Willen, in gegenseitiger Rücksichtnahme und Achtung ihre Vielfalt in der Einheit zu leben, im Bewusstsein der gemeinsamen Errungenschaften und der Verantwortung gegenüber den künftigen Generationen, gewiss, dass frei nur ist, wer seine* **Freiheit** *gebraucht, und dass die Stärke des Volkes sich misst am Wohl der Schwachen!*

Alle Österreicher kennen das Buch „HALTUNG" von Reinhold Mitterlehner. Er hat sein Buch für mich persönlich signiert: *JA-WOHL: DIREKTE DEMOKRATIE mit Verantwortung*, was heißt: ETHOS und Pluralismus! Es DARF KEIN MACHTZENTRUM GEBEN, sprich Macht in der Hand einer Person!

In diesem Ratgeber erzähle ich meine Lebensgeschichte, mit einigen Anekdoten, um zu verdeutlichen, wie sich ein Jörg-Asperger durchs Leben „schmuggelt", ohne auf-zu-fallen. KLAR: Aufgefallen bin ich definitiv, nur wusste niemand, auch ich und meine Frau nicht, was dahintersteckt: ASPERGER, eine Form von Autismus.

Ich gebe viel Hintergrundwissen preis und auch praktische Hinweise, wie ihr einerseits feststellen könnt, ob euer Partner Asperger hat, andererseits wie man (Frau) damit umgehen könnte, und v. a. auf Basis meines „Falles" wichtige Tipps für mögliche Therapien, den Einsatz von Vitalstoffen, die Suche des richtigen „Therapeuten", usw.

GANZ WICHTIG: ICH bin **EINE** Ausprägung eines Aspergers. Es gibt tausende wenn nicht sogar Millionen von Asperger-Typen. D. h. was hier im Ratgeber beschrieben ist, gilt nicht eins zu eins für alle Asperger! Am besten ist, wenn ihr die Hinweise und Aussagen durchlest und euch in meinen Beschreibungen wiedererkennen könnt. Mit diesen Erkenntnissen schaut ihr dann meine Checkliste am Ende des Buches an und macht die nächsten Schritte, die für euch (von Herzen) stimmen.

Ganz am Ende erhaltet ihr noch viele Goodies von mir, besser gesagt von „JUSSDJG" – Jörg, der unabhängige Schweizer Seestadtreporter aka DJ Giorgio. JUSSDJG ist mein Pseudonym, mit welchem ich viele hilfreiche Gratis-Tipps gebe, meistens in Form von Online-Blogs. Dabei werden viele unterschiedliche Themen beschrieben wie Gesundheit, Psychologie, Patriarchat, Populismus, Ethos und und und.

Dankeschön

DANKE AN ANNEMARIE, meine Frau,
für ihre liebevolle Lebensunterstützung.
Danke an meine Kinder Sean und Shiromy.
Danke Chrish.
Danke an meine Ursprungsfamilie und
meine Freunde all over the world.
Danke an Frau Dr. Mandana Valipour und ihr Team.
Danke an Frau Dr. Wally.
Danke an Frau Dr. Föhr-Keller.
Danke an Udo Schlumberger, Andi Brügger,
Rolf Arnet, Alexander Kofink, Friedrich Huber.
Danke an alle meine Freunde ...
Und auch meine „Feinde", welche alle Spiegel sind!

Die bekanntesten Asperger auf dieser Welt

Hier sind 20 bekanntesten Persönlichkeiten, von denen vermutet wird oder bekannt ist, dass sie Asperger-Syndrom (oder autistische Züge) haben.

Wissenschaftler und Erfinder:

1. **Albert Einstein** (Theoretischer Physiker) – Vermutungen basieren auf sozialen Eigenheiten.
2. **Isaac Newton** (Mathematiker und Physiker) – Hinweise auf introvertiertes Verhalten.
3. **Nikola Tesla** (Erfinder) – Extreme Detailverliebtheit und soziale Isolation.

Künstler und Autoren:

4. **Temple Grandin** (Wissenschaftlerin und Autorin) – Autismus-Aktivistin.
5. **Hans Asperger** (Kinderarzt) – Entdecker des Asperger-Syndroms.
6. **Greta Thunberg** (Klimaschutzaktivistin) – Offene Asperger-Diagnose.
7. **Lewis Carroll** (Autor von *Alice im Wunderland*) – Vermutete Symptome.
8. **Emily Dickinson** (Dichterin) – Introvertierte Persönlichkeit.
9. **Andy Warhol** (Künstler) – Besondere soziale Eigenheiten.

Unterhaltung:

10. **Anthony Hopkins** (Schauspieler) – Asperger-Diagnose im späteren Leben.
11. **Dan Aykroyd** (Schauspieler) – Offene Asperger-Diagnose.

12. **Daryl Hannah** (Schauspielerin) – Berichtet über ihre Erfahrungen mit Asperger.
13. **Tim Burton** (Regisseur) – Partnerin Helena Bonham Carter sprach über autistische Züge.

Technik und Innovation:
14. **Elon Musk** (Unternehmer) – Offenbarte Asperger-Diagnose bei einem SNL-Auftritt.
15. **Bill Gates** (Microsoft-Gründer) – Vermutete autistische Züge durch analytische Denkweise.
16. **Steve Jobs** (Apple-Mitgründer) – Hinweise auf ähnliche Merkmale.

Musik:
17. **David Byrne** (Sänger der Talking Heads) – Hat über seine Asperger-Züge gesprochen.
18. **Courtney Love** (Musikerin) – Hat über mögliche Symptome gesprochen.

Geschichte:
19. **Thomas Jefferson** (US-Präsident) – Rückblickende Analysen vermuten Asperger.
20. **Mozart** (Komponist) – Vermutungen wegen obsessivem Verhalten und sozialer Isolation.

Diese Liste umfasst Menschen, die entweder selbst über ihre Asperger-Diagnose sprechen oder bei denen Historiker, Experten oder Biografen bestimmte Verhaltensweisen als Indikatoren vermuten.

Kapitel 1: Asperger und Jörg: Eine ver-rückte Reise

Der Anti-Schleimer – F84.5

Ich bin Jörg, 60 Jahre alt, Asperger – oder wie die Ärzte sagen ‚AS'. Eines Tages erklärte mir meine Ärztin mit einem schelmischen Lächeln: „Das ist die Lizenz zum Töten!" Manchmal frage ich mich, ob sie nicht recht hat – zumindest im übertragenen Sinne.

Die Diagnose kam 2023. Für meine Frau war es einerseits eine Erleichterung – endlich hatte das Rätsel einen Namen. Andererseits bedeutete es eine Menge neuer Herausforderungen. Für mich war es mehr als das: Es war eine Bestätigung. Hätte ich früher davon gewusst, hätte ich mein (Arbeits-)Leben vielleicht besser meistern können. Ein Blick auf meinen Lebenslauf reicht, um das

zu verstehen. Viele Chefs waren erleichtert, als ich das Unternehmen ‚freiwillig' verließ. Der Name ‚Meier' wurde zum Synonym für Unangepasstheit – doch mit den ‚Normalos', meinen Kollegen, kam ich in den meisten Fällen blendend klar. Meine Direktheit und vor allem mein Humor fanden oft mehr Anklang, als man vielleicht erwarten würde.

Warum nenne ich mich ‚Anti-Schleimer'? Weil Asperger – und da schließe ich mich voll und ganz ein – dazu neigen, die Wahrheit direkt und ungefiltert auszusprechen. Kein Schönreden, kein Drumherumreden. Einfach raus damit, ungeschönt. Schleimen? Liegt uns so gar nicht.

Ich habe meinen Weg durch das (Berufs-)Leben gefunden, und auch in meiner Beziehung zu meiner Frau hat sich vieles stabilisiert. Dennoch treten hin und wieder Äußerungen auf, die durch mein Asperger bedingt und nicht immer leicht zu interpretieren sind!

Mit diesem Ratgeber möchte ich auf Basis meiner eigenen Biografie alles Wissenswerte rund um das Thema Asperger-Syndrom vermitteln. Meine besondere Fähigkeit als Asperger liegt darin, komplexes Wissen auf den Punkt zu bringen – klar, einfach und gut recherchiert. Bilder und Beispiele, wie das oben erwähnte, helfen dabei, es anschaulich zu machen. Aber überzeugt euch selbst! Taucht einfach ein und genießt diesen Ratgeber.

Am Ende des Buches findet ihr eine Checkliste, um alles Gelernte einzuordnen und die richtige Sequenz zu finden für euren Weg!

Ein paar Anekdoten zum Schmunzeln und Verstehen

Die nachfolgenden Anekdoten sind WAHR und zeigen einen roten Faden durch mein Jahrzehnte langes Leben als Asperger. Bitte unbedingt a) schmunzeln und b) versuchen zu verstehen, welche Botschaft sich dahinter versteckt.

Anekdoten aus der Schweiz

Unkraut jäten

Es war (wieder einmal) ein Tag zum Unkraut jäten bei meiner Schwester. Diesen Tag hat mir meine Schwester bis heute nicht „vergeben"! Ich habe mich aufgerappelt, ihr zu helfen. Bis ich gemerkt habe, dass dieser ganze Aufwand für die Katz ist. Warum? Die Fläche, welche gejätet wurde, war abschüssig zum Nachbarn hin, d. h. diese Fläche war vom Haus meiner Schwester gar nicht zu sehen! Warum also dieser Blödsinn. Konsequenz (für mich und meine Schwester): da mach ich nicht mit und Tschüss!

Gipfeli im Kaffee

Es war der erste Tag bei meinem neuen Arbeitgeber. Zuerst wurde mir mitgeteilt, dass der Chef, der mich einstellte, nicht mehr da ist! Danach wurde ich vom neuen Chef (ein wirklich lieber Kerl, ehrlich) zu einem Kaffee in der Kantine eingeladen: Spontan kam mir nix anderes in den Sinn, als mein Gipfeli in SEINEN Kaffee zu tunken. Überraschung!

Direkte Ansprache ohne Motivation

Ohne ersichtlichen Grund kann ich einem (fremden) Menschen direkt ins Gesicht sagen: „Du siehst heute richtig alt aus!"

Die arme Dame der SBB

Wir (fünf Personen) sind zurück aus Antalya und haben ein gültiges Ticket für den Zug von Zürich nach Wohlen AG. Leider haben wir vergessen, das Ticket zu stempeln. Die nette Zugbegleiterin der SBB wollte uns mit CHF 80 bestrafen. Das war eine ganz schlechte Idee. Was macht der Asperger? „Ich schmeiße sie zum Zug raus, wenn Sie sich nicht gleich ..." – Ziel erreicht!

Der arme Herr im Zivilstandsamt

Ja, auch Bedienstete in einem Zivilstandsamt können Fehler machen, wer schon nicht? Ich kürze die Geschichte ab mit meinen Worten, die ich dem Bediensteten sagte: „Nehmen Sie diese Rechnung zurück und wischen Sie sie zwischen ihre Beine."

Meine „armen" Arbeitgeber

Viele meiner Arbeitgeber, natürlich die schlechten Chefs, haben mich nicht verstanden und mich verflucht. Soll heißen, sie waren sehr froh, wenn ich das Unternehmen verlassen habe. Meine direkten und ehrlichen Worte waren ihnen zu viel des Guten. Die guten Chefs wussten, wie sie mich gezielt einsetzen konnten mit meinen Stärken.

Von 100 % RUNTER auf 80 % RAUF mit 20 % mehr Lohn

Einem Chef habe ich folgendes Angebot gemacht: Ich reduziere meinen Beschäftigungsgrad von 100 % auf 80 % und erhalte 20 % mehr Lohn. ES HAT GEKLAPPT!

Der arme Polizist beim Fröschenteich

Ein Polizist durfte mal selber erleben, was es heißt, gleich drei Aspergern gegenüberzustehen! Kurzer Hinweis: der Fröschenteich ist eine kleine Hütte, die mein Vater 1964 mit vielen Kollegen aus Holz selbst erbaut hat. Über Jahrzehnte haben wir dort Feste gefeiert, ohne von der Polizei „belästigt" zu werden. Nun zu diesem einen Polizisten: Er wollte meinem Vater mitteilen, dass es nicht erlaubt sei, hier ein Auto zu parkieren (wir Schweizer sagen parkieren, nicht parken!). Mein Vater hat ihm dann „liebevoll" erklärt, warum es doch „erlaubt" ist. Dem Polizisten haben die Worte nicht so gut gefallen, sein Gesicht ist leicht rot angelaufen. Ich habe das gesehen und meinen Vater unterstützt mit meinen „liebevollen" Worte ... Auch diese Worte haben dazu geführt, dass der Polizist noch roter wurde! Mein Sohn wollte sich dieses Geschehen nicht entgehen lassen und unterstützte uns beide mit seinen „liebevollen" Worten. Quintessenz: Der Polizist war knallrot im Gesicht (warum wohl?). Ich weiß nicht mehr genau, warum der Polizist dann abgezogen ist. Auf jeden Fall haben wir das Auto stehen lassen!

Anekdoten aus Österreich

Vier Jahre Freistellung bitte!

Gut: ein bisschen dreist war es schon! Ich hatte (wieder einmal) die Schnauze voll von meiner Arbeit und schrieb mir ein Drehbuch für das „Abschlussgespräch" mit dem obersten Chef der Firma. Niemand hatte damit gerechnet, dass ich mich so minutiös darauf vorbereitet hatte. Hier die Story: „Reden wir Tacheles, Herr B... Sie stellen mich für vier Jahre frei." Herr B...: „Vier Monate!" Am Schluss habe ich mein Ziel erreicht: einein- halb Jahre Freistellung, juhui!

Passwörter und Security

Im IT-Business (und da habe ich 40 Jahre verbracht) gibt es sog. Major Incidents, wobei ein Security Incident in diese Katego- rie gehören kann. Hintergrund: Ich kannte das Passwort eines Sammelaccounts einer anderen Firma im selben Konzern. Da- mit hatte ich Zugriff auf so ziemlich alle Applikationen. Es war meine Pflicht, dies zu melden! Tat ich es? Selbstverständlich, sonst hätte mich mein Chef gekündigt. IT-seitig müssen ja alle Passwörter aus Sicherheitsgründen öfter geändert werden. Be- sagtes Passwort des SAMMELACCOUNTS war Jahre alt!

Seestadt und Wien

1) Dem Wiener Bürgermeister, seines Zeichens AUTOKRAT, also „Führer" der SAÖ – Sozialautokratische Partei Öster- reich, hab ich bereits mitgeteilt, dass sein Wiener-Regime bei der Räumung des Protestcamps Hausfeldstraße ein höchst unethisches Verhalten an den Tag legte! Niemand hat sich getraut, das zu sagen. Ich schon!

2) Seestadt Wien Aspern: Die Seestadt ist weiblich. Wird dieser Fakt in der höchsten Etage der Aspern 3420 widerspiegelt? Natürlich nicht! Und ich habe diesen Fakt klar und deutlich zum Ausdruck gebracht. What else?

Es gäbe noch unzählige Anekdoten zu erzählen, welche immer wieder eines beweisen: Typisch Jörg, typisch Asperger! Eine ver-rückte Reise mit vielen Hochs und Tiefs.

Mindmaps

Asperger lieben Mindmaps. Ich habe Hunderte, wenn nicht Tausende in meinem Berufsleben erstellt. Genutzt habe ich sie meistens alleine für mich, obwohl das Wissen in den Mindmaps Millionen CHF wert war ... Sorry: EURO ebenso!

Hier ein Beispiel für mein eigenes USP-Mindmap 2015. Jeder IT-Chef nimmt mich sofort!

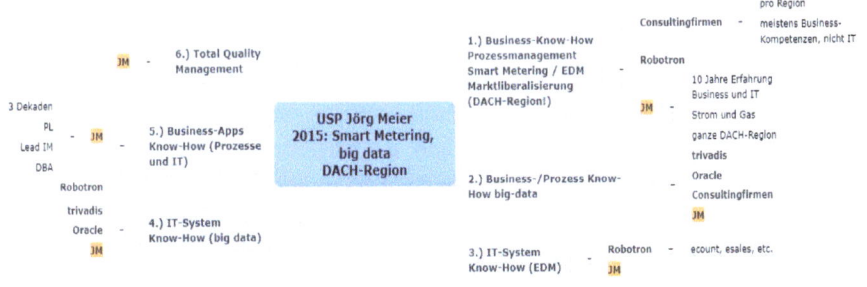

Eigen- und Fremdbild stimmen nicht immer überein. Ein Asperger ist sehr überzeugt von sich selbst, stimmt das wirklich?

WUSSTET ihr, dass der Euro-CHF -Kurs mal bei 1,6 Euro zu 1 CHF stand????? KRASS ...

Die Sichtweise meiner Frau Annemarie –
Mein Leben mit „meinem" Asperger

Viele denken vielleicht, ich wusste doch, worauf ich mich einließ.

Als ich meinen Mann kennengelernt habe, nahm ich ihn als lustig, charmant, ehrlich, sozial umgänglich, intelligent und großzügig wahr. Außerdem dachte ich, er sei mein Fels in der Brandung, denn egal, was alles passierte, er blieb unerschütterlich heiter und positiv.

Nach acht Jahren Fernbeziehung zog er dann zu mir (aus der Schweiz nach Österreich), nachdem seine Kinder selbstständig waren. Ich hatte für uns ein wunderschönes neues Zuhause vorbereitet.

Gleich nach dem Umzug, ist er dann leider emotional und mental zusammengebrochen. Alle Emotionen, die er so perfekt aus seiner Gefühlswelt verdrängt hatte, überschwemmten ihn mit einer unvorstellbaren Gewalt. Und es zeigte sich, auch zu seiner eigenen Überraschung, eine (oder mehrere) ganz andere Seite von ihm.

Zum Vorschein kam eine extrem gespaltene Persönlichkeit. Einerseits das zerbrechliche, unglaublich empfindliche Wesen eines hilflosen Kindes und andererseits ein Scharfrichter, der vernichtend zuschlagen kann, wenn er seine Souveränität bedroht sieht. Es gibt dazwischen zwar noch andere Charaktereigenschaften, aber weit weniger dominante. Das Leben fühlt sich seither für ihn an wie eine Zerreißprobe.

Jedenfalls wurde es sehr schwierig zu reden. Es fiel mir auf, dass er oft nicht die richtigen Wörter benutzt, um etwas zu beschreiben. Wenn ich dann nachfragte, was er meinte, konnte er nur immer wieder das wiederholen, was er bereits gesagt hatte. Es war keine Umschreibung möglich.

So habe ich begonnen zu raten, bis ich wusste, was er ausdrücken wollte.

Eine Kurzversion von einem Beispiel:

Wir sitzen beide am See und blicken auf das gegenüberliegende Ufer.

Er: „Ich sehe da drüben etwas bei den Stiegen.“
Ich: „Welche Stiegen? Wo?“
Er: „Na drüben.“
Ich: „Da sind doch gar keine.“
Er: „Ist ja egal.“
Ich: „Meinst du die Leitern?“
Er: „Ja!“

Er macht sehr oft kryptische Angaben und dann regt es ihn aber auf, wenn man nicht gleich weiß, was gemeint ist. Also am besten nicht nachfragen. Noch besser gar nicht reden. Dann sind alle Probleme aus der Welt. Nur Ruhe, kein Stress.

Eine weitere typische Situation bei uns ist auch, dass er mir vieles quasi im Vorbeigehen mitteilt und gar keine Reaktion von mir abwartet.

Zum Beispiel sagt er: „Ich mache jetzt dieses oder jenes!“
Bei mir kommt dann an: Aha, er hat das oder jenes beschlossen und so ist das jetzt. Meine Meinung ist uninteressant.

Ich bräuchte aber: Ich möchte dieses oder jenes machen. Ist das OK für dich?!

Der Unterschied für mich ist, dass ich noch Fragen oder Vorschläge anbringen kann, wobei es mir natürlich auch gefällt, wenn ich das Gefühl habe, gefragt zu werden.

Aber so zu denken, entspricht eben NICHT einem Asperger. Einfühlungsvermögen ist in seinem System kaum vorhanden. Wobei es in diesem Fall sowieso meistens um „eher“ unwichtige Entscheidungen geht.

Es gibt fortwährend unzählige unterschiedlichste Situationen, die kompliziert zu handhaben oder für mich zu verstehen sind.

Eines Tages bat ich ihn mit mir gemeinsam zur Paartherapie zu gehen. Er erklärte mir, dass, wenn ICH ein Problem habe, ich es wohl auch allein lösen muss. Ich ging allein.

Über Gespräche mit einer (damaligen) Bekannten, dessen verstorbener Mann ein Asperger war, sind dann bei mir endlich die Lichter aufgegangen.

Als wir dann wussten, was los ist, war das sehr erleichternd für uns beide. Trotzdem ist jeder Tag ein Eiertanz in den unterschiedlichsten Varianten.

Aber ich liebe meinen Asperger.

Er ist alles: Ungeduldig, ehrlich, bestimmend, stur, großzügig, verurteilend, versöhnlich, ständig angespannt, lustig, klug, zurückgezogen, extrovertiert, vergesslich, abgelenkt, liebevoll und ablehnend aber wenn ich ihn wirklich brauche, immer für mich da.

Eine andere authentische Geschichte – „autistischer, als du denkst"

Und fähiger, als du es dir vorstellen kannst.

Oft höre ich den Satz: „Du bist so intelligent, warum verstehst du das nicht?" Oder „Warum machst du nichts aus dir?" Diese Worte treffen tief. Man sieht mir nicht an, dass ich Autistin bin. Selbst für die, die es wissen, ist es schwer zu begreifen, dass Intelligenz und die Fähigkeit, bestimmte Dinge zu tun, nicht immer Hand in Hand gehen. Ich bin nicht dumm – doch es gibt Momente, in denen ich trotz meiner Fähigkeiten an einfachen Dingen scheitere.

Spontanität, Flexibilität oder das Zusammensetzen vieler Einzelteile zu einem großen Ganzen? Das sind Herausforderungen für mich.

Verhaltensweisen meiner Mitmenschen verstehe ich oft nur über akribische, sachliche Analysen. Mein Interesse an Psychologie hilft mir dabei, aber es ersetzt nicht das intuitive Verstehen, das anderen leichtfällt. Naivität ist meine Konstante – ich glaube immer an das Gute in Menschen, an Ehrlichkeit, und oft übersehe ich die Abgründe, die nicht jeder offenlegt.

An Tagen ohne Stress kann ich erstaunlich viel kompensieren und verbergen, was der Autismus mit sich bringt. Die meisten meiner „Besonderheiten" sind mentaler Natur und bleiben für die meisten unsichtbar. Doch die Anstrengung, die es kostet, ständig zu analysieren, mich anzupassen und die Erwartungen der anderen zu erfüllen, frisst an meiner Energie – auch wenn es niemand bemerkt.

Manchmal jedoch, wenn alles zu viel wird, bricht diese Fassade. Dann stolpere ich durch die Stadt, vermeide Blickkontakt, summe vor mich hin, um mich zu beruhigen. Ich laufe gegen Straßenschilder, verliere den Faden, vergesse, was ich wollte. Mein Körper reagiert, ich klappere mit den Zähnen, rede mit mir selbst, unfähig, mich zu konzentrieren oder klare Gedanken zu fassen. An solchen Tagen frage ich mich, wie ich mein Leben bewältigen soll – und ja, manchmal erschrecke ich mich selbst.

Ich gehe nicht arbeiten, weil der soziale Kontakt und die Erwartungen von außen mich überwältigen. Unter Stress werde ich so „autistisch", dass ich nicht mehr normal funktioniere. Ein **Teufelskreis**.

Aber das ist nur ein Teil der Wahrheit. Ich habe viele Stärken und Fähigkeiten, und in Bereichen, die ich liebe, kann ich glänzen. Autisten werden oft falsch eingeschätzt, weil sie an guten Tagen scheinbar problemlos funktionieren. Doch das bedeutet nicht, dass wir weniger autistisch sind – wir sind lediglich Meister darin, zu kompensieren.

An schlechten Tagen wirken manche von uns völlig überfordert, als wären wir nicht fähig, alleine zurechtzukommen. Doch das sind Momentaufnahmen. Wir sind viel mehr als unsere Schwächen, und das, *was du als „normales" Verhalten wahrnimmst, ist oft das Ergebnis harter innerer Arbeit. Es sagt nichts darüber aus, wie stark oder ausgeprägt unser Autismus ist. Jeder Mensch – Autist oder nicht – ist individuell und geht auf seine Weise mit Herausforderungen um.*

Kannst DU DICH mit Teilen davon identifizieren?

Kapitel 2: Hintergrundwissen F84.5 – AS

Das Asperger-Syndrom ist kein starres, einheitliches Krankheits-bild – vielmehr gibt es unzählige Facetten und Variationen, die jeden Menschen einzigartig prägen.

Das Asperger-Syndrom ist eine Form von Autismus, die vor allem durch **Schwierigkeiten im sozialen Umgang** geprägt ist. Menschen mit Asperger haben oft Herausforderungen beim Verstehen sozialer Signale und der nonverbalen Kommunikation. Hier sind einige zentrale Punkte zusammengefasst:

1. **Soziale Interaktionen**: Betroffene haben Schwierigkeiten, Beziehungen zu anderen aufzubauen und aufrechtzuerhalten. Sie können oft nicht intuitiv auf emotionale Signale reagieren, was Missverständnisse verursacht.

2. **Eingeschränkte Interessen**: Viele Personen mit Asperger entwickeln intensive, oft spezifische Interessen und vertiefen sich in diese, was manchmal als „Spezialinteresse" bezeichnet wird.

3. **Kommunikationsstil**: Die Kommunikation ist häufig sehr direkt, und subtile Hinweise oder zwischenmenschliche Nuancen werden oft übersehen. Dies kann zu Schwierigkeiten in Gesprächen führen.

4. **Routine und Struktur**: Menschen mit Asperger fühlen sich in strukturierten Umgebungen wohler und haben oft ein starkes Bedürfnis nach Routine. Veränderungen in ihrem Alltag können Stress und Unbehagen verursachen.

Zusammenfassend lässt sich sagen, dass das Asperger-Syndrom eine einzigartige Sichtweise auf die Welt bietet, die sowohl Herausforderungen als auch besondere Stärken mit sich bringen kann. Für weitere Informationen empfehle ich, Quellen wie die Wiener Autismusgesellschaft[1] oder die Autism Society[2] zu besuchen.

Wenn du Asperger hast, wirst du dieses Bild wahrscheinlich großartig finden. Andernfalls wirst du nicht viel damit anfangen können.

*Studien zeigen, dass das Verhältnis von Männern zu Frauen bei Autismus-Spektrum-Störungen (ASD), zu denen auch das Asperger-Syndrom gehört, etwa **4:1** beträgt. Dies bedeutet, dass auf vier männliche Betroffene eine weibliche Person kommt.*

Ein Grund für diese Geschlechterverteilung könnte sein, dass Autismus bei Frauen oft weniger auffällig ist und sich in anderen Verhaltensweisen äußern kann, was zu einer Unterdiagnose führen kann. Einige Forscher argumentieren auch, dass Frauen möglicherweise bessere Bewältigungsmechanismen entwickeln oder soziale Fähigkeiten besser anpassen, was dazu führt, dass ihre Symptome weniger offensichtlich sind.

---

1 https://www.autismus.at/
2 https://www.autism-society.org/

Asperger

Different „wiring" in the brain!

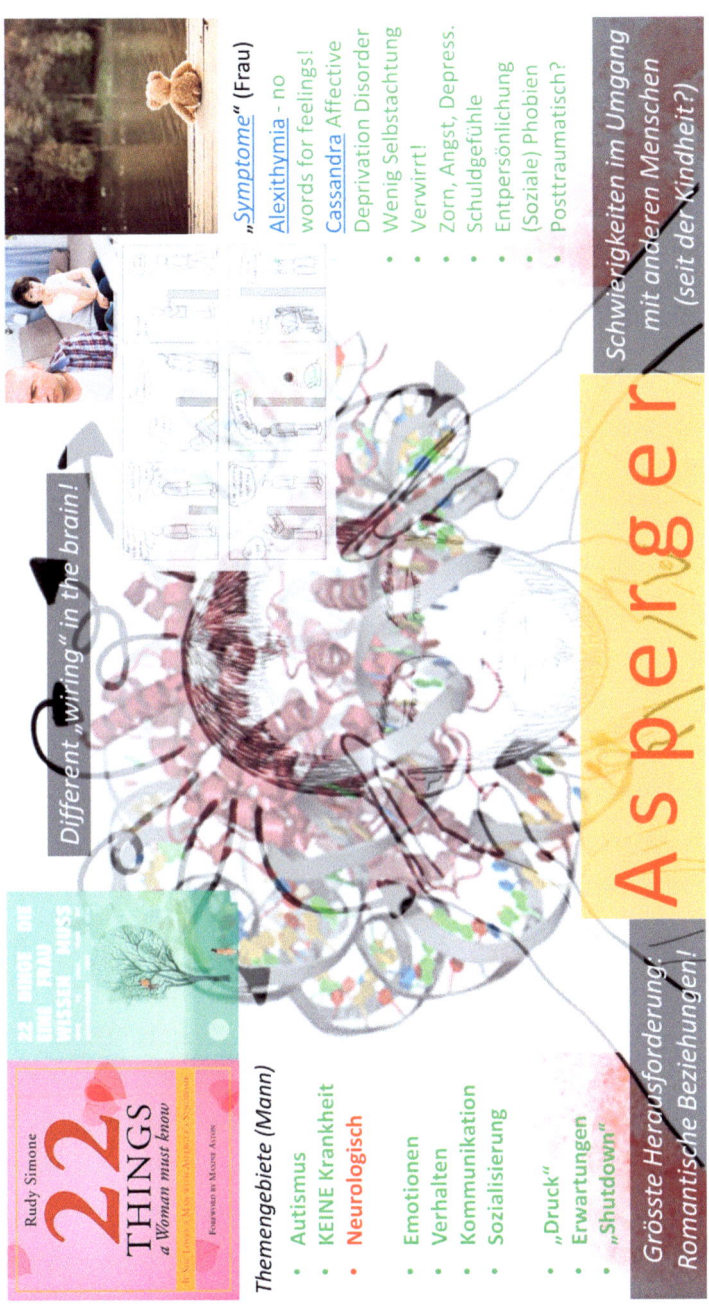

Themengebiete (Mann)

- Autismus
- KEINE Krankheit
- Neurologisch

- Emotionen
- Verhalten
- Kommunikation
- Sozialisierung

- „Druck"
- Erwartungen
- „Shutdown"

Grösste Herausforderung: Romantische Beziehungen!

„*Symptome*" (Frau)
- Alexithymia - no words for feelings!
- Cassandra Affective Deprivation Disorder
- Wenig Selbstachtung
- Verwirrt!
- Zorn, Angst, Depress.
- Schuldgefühle
- Entpersönlichung
- (Soziale) Phobien
- Posttraumatisch?

Schwierigkeiten im Umgang mit anderen Menschen (seit der Kindheit?)

Rudy Simone
22 THINGS
a Woman must know

22 DINGE DIE EINE FRAU WISSEN MUSS

Eine sehr wichtige Botschaft von Liebenden an ihre Asperger:

Wir lieben dich so, wie du bist. Deine Einzigartigkeit und die Art, wie du die Welt siehst, bereichern unser Leben. Auch wenn es manchmal Herausforderungen gibt, schätzen wir deine Ehrlichkeit, deine direkten Worte und deine Leidenschaft für deine Interessen. Lass uns gemeinsam an den schwierigen Momenten arbeiten, denn unsere Liebe ist stark genug, um alle Hürden zu überwinden.

Du bist wunderbar.
Du bist stärker, als du denkst.
Du kommst da durch.
Wir sind sehr froh, dass du da bist.
Gib nicht auf!

Autismus resp. Asperger-Syndrom (AS): Take his/her shoes!

Sich in jemanden mit Asperger-Syndrom (AS) zu versetzen, bedeutet, die Welt durch eine andere Linse zu betrachten. Menschen mit AS erleben oft intensive Gedanken und Gefühle, die von anderen vielleicht nicht immer nachvollzogen werden können. Hier sind einige Aspekte, die bei diesem Verständnis hilfreich sind:

⇨ **Direktheit und Ehrlichkeit**: Viele mit Asperger schätzen Klarheit und Ehrlichkeit in der Kommunikation. Missverständnisse durch subtile Andeutungen oder soziale Feinheiten können frustrierend sein.

⇨ **Sinnesempfindungen**: Überempfindlichkeiten oder Unterempfindlichkeiten gegenüber Sinneseindrücken (z. B. Geräusche, Licht, Berührungen) sind häufig. Diese Empfindungen können das alltägliche Leben stark beeinflussen und sollten respektiert und berücksichtigt werden.

⇨ **Routine und Vorhersehbarkeit**: Menschen mit AS fühlen sich oft sicherer in vorhersehbaren Umgebungen und Routinen. Veränderungen können Stress und Angst auslösen.

⇨ **Intensive Interessen**: Oft entwickeln Menschen mit AS tiefgehende Kenntnisse und Interessen in bestimmten Themen. Diese Leidenschaften können eine wichtige Quelle für Freude und Ausdruck sein.

⇨ **Emotionale Reaktionen**: Das Erkennen und Ausdrücken von Emotionen kann eine Herausforderung darstellen. Oft kann es hilfreich sein, Unterstützung zu bieten und in schwierigen Momenten Geduld zu zeigen.

Der Spruch „**Before you can judge someone, you must first walk a mile in their moccasins**" bedeutet, dass man die Perspektive und die Erfahrungen anderer Menschen verstehen sollte, bevor man ein Urteil über sie fällt. Dieser Ausdruck wird häufig verwendet, um Empathie und Verständnis zu fördern, besonders in Diskussionen über verschiedene Kulturen und Lebensweisen.

KEINE KRANKHEIT – Neuronen-Spezialeffekte

Das Asperger-Syndrom wird nicht als Krankheit betrachtet, sondern als ein neurologisches Phänomen oder eine Entwicklungsstörung im Autismus-Spektrum. Hier sind einige wichtige Punkte zu diesem Thema:

⇨ **Neurodiversität**: Menschen mit Asperger-Syndrom haben eine andere neurologische Veranlagung, die ihre Wahrnehmung, Denkweise und soziale Interaktion beeinflusst. Dieses Konzept der Neurodiversität betont, dass neurologische Unterschiede natürliche Varianten der menschlichen Erfahrung sind, nicht zwangsläufig pathologisch.

⇨ **Diagnose und Merkmale**: Das Asperger-Syndrom ist durch bestimmte Merkmale gekennzeichnet, darunter Schwierigkeiten in der sozialen Interaktion, eingeschränkte Interessen und häufig eine überdurchschnittliche Fähigkeit in bestimmten Bereichen (z. B. Mathematik oder Musik).

⇨ **Eingliederung in das Autismus-Spektrum**: In den meisten aktuellen Klassifikationen, wie dem DSM-5, wird das

Asperger-Syndrom als Teil des Autismus-Spektrums betrachtet, wobei es keine separate Diagnose mehr ist. Dies bedeutet, dass die Menschen, die früher als Asperger diagnostiziert wurden, jetzt unter der breiteren Bezeichnung „Autismus-Spektrum-Störung" klassifiziert werden.

⇨ **Gesellschaftliche Wahrnehmung**: Es ist wichtig, das Bewusstsein dafür zu schärfen, dass das Asperger-Syndrom keine Krankheit ist, die geheilt werden muss, sondern eine neurologische Variation, die unterschiedliche Stärken und Herausforderungen mit sich bringt.

Die Symptome des Asperger-Syndroms können sich im Laufe des Lebens verändern. Grundsätzlich sind diese Merkmale jedoch bereits in der Kindheit vorhanden. Hier sind einige wichtige Aspekte:

⇨ **Entwicklung der Symptome**: Bei Kindern zeigt sich das Asperger-Syndrom oft in Schwierigkeiten bei der sozialen Interaktion, auffälligen Verhaltensweisen und intensiven Interessen. Mit zunehmendem Alter können diese Symptome variieren, da sich soziale Fähigkeiten entwickeln oder angepasst werden. So können Erwachsene mit Asperger beispielsweise lernen, soziale Regeln besser zu navigieren, auch wenn sie weiterhin mit der Wahrnehmung von nonverbalen Hinweisen kämpfen.

⇨ **Stabilität der Diagnose**: Obwohl die Ausprägung der Symptome variieren kann, bleibt die Diagnose des Asperger-Syndroms über die Lebensspanne hinweg bestehen. Menschen mit dieser Diagnose haben typischerweise eine neurologische Grundlage, die auch im Erwachsenenalter bestehen bleibt.

⇨ **Individuelle Unterschiede**: Es ist wichtig zu beachten, dass jeder Mensch mit Asperger-Syndrom unterschiedlich ist. Die Auswirkungen auf das Leben und die Fähigkeiten im Umgang mit sozialen Situationen können stark variieren, abhängig von individuellen Stärken und Herausforderungen.

Es ist tatsächlich möglich, dass die Diagnose eines Asperger-Syndroms erst im Erwachsenenalter gestellt wird. Viele Erwachsene, die mit Asperger leben, haben oft nie eine formelle Diagnose erhalten, bis sie Unterstützung für ihre spezifischen Herausforderungen suchen. Hier sind einige wichtige Punkte dazu:

⇨ **Unterdiagnose in der Kindheit**: Viele Menschen mit Asperger-Syndrom zeigen Symptome, die oft nicht erkannt oder falsch interpretiert werden, besonders wenn sie weniger ausgeprägt sind oder sich in anderen sozialen Fähigkeiten gut anpassen können. Dies kann dazu führen, dass die Diagnose erst im Erwachsenenalter gestellt wird, wenn die Herausforderungen im Berufsleben oder in Beziehungen deutlicher werden.

⇨ **Symptome im Erwachsenenalter**: Erwachsene mit Asperger-Syndrom haben häufig Schwierigkeiten in sozialen Interaktionen, während sie gleichzeitig überdurchschnittliche Fähigkeiten oder Interessen in spezifischen Bereichen besitzen. Diese Merkmale können im Erwachsenenalter deutlicher hervortreten, insbesondere in komplexen sozialen oder beruflichen Situationen.

⇨ **Zunahme des Bewusstseins**: In den letzten Jahren ist das Bewusstsein für das Asperger-Syndrom gestiegen, was dazu geführt hat, dass mehr Erwachsene die Symptome erkennen und eine Diagnose suchen. Viele berichten von Erleichterung und Verständnis, nachdem sie die Diagnose erhalten haben, da sie nun einen Rahmen für ihre Erfahrungen haben.

Frauen und „ihre" Männer

Es ist häufig der Fall, dass Frauen in Beziehungen mit Männern, die das Asperger-Syndrom haben, betroffen sind, ohne sich dessen bewusst zu sein. Diese Dynamik kann verschiedene Gründe haben:

1. **Unterschiedliche Wahrnehmung von Symptomen**: Die Symptome von Asperger können sich bei Männern und Frauen unterschiedlich äußern. Männer zeigen oft auffälligere Verhaltensweisen, während Frauen möglicherweise subtilere Anzeichen haben oder soziale Fähigkeiten besser maskieren, was dazu führt, dass ihre Partner und Partnerinnen die Diagnose nicht erkennen.
2. **Unterdiagnose bei Frauen**: Viele Frauen mit Asperger-Syndrom werden oft nicht diagnostiziert, weil ihre Symptome weniger offensichtlich sind oder weil sie soziale Fähigkeiten besser erlernen und anpassen können. Dies kann zu einem Missverständnis führen, in dem Partnerinnen nicht verstehen, dass ihre Männer unter Asperger-Symptomen leiden.

3. **Emotionale Herausforderungen**: Frauen in Beziehungen mit Asperger-Partnern erleben oft emotionale Herausforderungen, da sie möglicherweise Schwierigkeiten haben, die emotionalen Reaktionen ihrer Partner zu verstehen oder die häufigen Kommunikationsbarrieren zu überwinden. Diese Missverständnisse können zu Frustration und Isolation führen.

Es ist wichtig, über die Auswirkungen von Asperger auf Beziehungen aufzuklären und das Bewusstsein zu schärfen, um sowohl betroffenen Personen als auch ihren Partnern zu helfen. Weitere Informationen zu diesem Thema findest du auf Websites wie Autism Speaks[3] und National Autistic Society[4].

Hilfe suchen

Es ist häufig der Fall, dass Menschen mit Asperger-Syndrom Hilfe suchen, wenn sie auf Schwierigkeiten im sozialen Umfeld stoßen, insbesondere am Arbeitsplatz oder in Partnerschaften. Hier sind einige relevante Punkte dazu:

- **Berufliche Herausforderungen**: Viele Betroffene erleben Schwierigkeiten bei der Interaktion mit Kollegen, dem Verständnis von sozialen Normen oder dem Navigieren in komplexen beruflichen Situationen. Diese Herausforderungen können zu Stress, Überforderung und schließlich zur Entscheidung führen, Hilfe in Anspruch zu nehmen.
- **Beziehungsprobleme**: In Partnerschaften können Missverständnisse, emotionale Distanz oder Kommunikationsschwierigkeiten auftreten. Oft erkennen Partner nicht, dass ihre Schwierigkeiten aus dem Asperger-Syndrom resultieren,

---

3 https://www.autismspeaks.org/
4 https://www.autism.org.uk/

was zu Frustration und Konflikten führen kann. Dies kann die Betroffenen dazu bewegen, Unterstützung zu suchen.

- **Spätere Diagnosen**: Viele Erwachsene, die in ihrer Kindheit nicht diagnostiziert wurden, stellen erst als Erwachsene fest, dass sie Asperger haben, wenn sie in sozialen oder beruflichen Kontexten auf Hindernisse stoßen. Dies führt häufig zu einem besseren Verständnis ihrer eigenen Erfahrungen und der Notwendigkeit von Unterstützung.

Besondere Fähigkeiten

Erwachsene mit Asperger-Syndrom haben in der Regel eine Vielzahl von Lebenserfahrungen gesammelt und sich viele Fähigkeiten angeeignet, die ihnen helfen, in verschiedenen Lebensbereichen besser zurechtzukommen. Hier sind einige Punkte dazu:

- **Entwicklung sozialer Fähigkeiten**: Im Laufe der Zeit lernen viele Erwachsene mit Asperger, soziale Regeln und Normen zu erkennen und anzuwenden. Sie entwickeln Strategien, um mit sozialen Situationen umzugehen, auch wenn dies nicht immer intuitiv ist.
- **Spezifische Talente**: Oft haben Menschen mit Asperger-Syndrom besondere Begabungen in bestimmten Bereichen wie Mathematik, Musik oder Kunst. Diese Talente können ihnen nicht nur helfen, in ihren Karrieren erfolgreich zu sein, sondern auch ein Gefühl der Erfüllung bieten.
- **Anpassungsfähigkeit**: Mit der gesammelten Lebenserfahrung können Erwachsene mit Asperger oft effektive Bewältigungsmechanismen entwickeln, um Herausforderungen im Berufs- und Privatleben zu meistern. Dies kann ihnen helfen, ihre Stärken zu nutzen und an ihren Schwächen zu arbeiten.
- **Selbstverständnis**: Viele Erwachsene erkennen im Laufe der Zeit, dass sie Asperger haben, was zu einem besseren

Selbstverständnis führt. Dieses Wissen kann sie ermutigen, gezielt Unterstützung zu suchen und ihre besonderen Bedürfnisse klarer zu kommunizieren.

Ja, die Fähigkeiten und Strategien, die Erwachsene mit Asperger-Syndrom im Laufe der Zeit entwickeln, helfen ihnen oft, besser mit den Herausforderungen ihres Syndroms umzugehen. Hier sind einige Möglichkeiten, wie dies geschieht:

1. ***Soziale Strategien***: *Erwachsene mit Asperger lernen, soziale Interaktionen zu navigieren, indem sie Regeln und Normen beobachten und analysieren. Diese Strategien ermöglichen es ihnen, in sozialen Situationen sicherer zu agieren.*
2. ***Emotionale Intelligenz***: *Durch Lebenserfahrungen entwickeln viele ein besseres Verständnis für ihre eigenen Emotionen und die Emotionen anderer. Dies kann helfen, Missverständnisse in Beziehungen zu minimieren und die Kommunikation zu verbessern.*
3. ***Selbsthilfegruppen und Therapie***: *Viele Erwachsene nehmen an Selbsthilfegruppen oder Therapiesitzungen teil. So bekommen sie zusätzliche Werkzeuge und Techniken an die Hand, um ihre Symptome besser zu bewältigen und sich sozial zu integrieren.*
4. ***Fokussierung auf Stärken***: *Indem sie ihre besonderen Talente und Interessen nutzen, können Erwachsene mit Asperger eine positive Identität aufbauen, die ihnen Selbstvertrauen gibt und ihre Fähigkeit zur Bewältigung von Herausforderungen stärkt.*

Intensive Interessen: Viele Menschen mit Asperger haben tiefgehende Interessen in bestimmten Bereichen, was sie zu Experten auf diesen Gebieten macht. Diese intensiven Interessen können zu bedeutenden Beiträgen in Wissenschaft, Technik, Kunst und anderen Disziplinen führen.

Detailorientierung: Personen mit Asperger neigen dazu, ein hohes Maß an Detailgenauigkeit und analytischen Fähigkeiten zu besitzen. Dies kann in Berufen, die präzise Arbeit erfordern, von großem Vorteil sein, wie z. B. in der Forschung, Informatik oder Ingenieurwissenschaft.

Ehrlichkeit und Direktheit: Menschen mit Asperger sind oft sehr ehrlich und direkt in ihrer Kommunikation. Dies kann in zwischenmenschlichen Beziehungen geschätzt werden, da sie keine sozialen Spielchen spielen oder Täuschungen verwenden.

Kreativität: Viele Menschen mit Asperger zeigen außergewöhnlich kreative Fähigkeiten, sei es in der Kunst, Musik oder im Schreiben. Ihre einzigartige Sichtweise auf die Welt kann zu innovativen Ideen und Lösungen führen.

Starkes Gedächtnis: Viele Personen im Autismusspektrum verfügen über ein bemerkenswertes Gedächtnis, insbesondere in Bezug auf Fakten, Zahlen oder spezifische Details. Dies kann im akademischen und beruflichen Umfeld von Vorteil sein.

Fokus und Ausdauer: Personen mit Asperger können sich oft stark auf ihre Interessen konzentrieren und diese mit einer bemerkenswerten Ausdauer verfolgen. Dies kann zu tiefen Einsichten und außergewöhnlichen Leistungen führen.

Innovative Problemlösung: Aufgrund ihrer einzigartigen Denkweise sind Menschen mit Asperger oft in der Lage, Probleme auf neuartige und kreative Weise zu lösen. Ihre Ansätze sind häufig unkonventionell, was zu innovativen Lösungen führen kann.

Und noch viel mehr positive Aspekte resp. Fähigkeiten eines Aspergers kannst Du herausfinden, wenn du magst!

Kapitel 3: „22 Things a Woman Must Know If She Loves a Man with Asperger's Syndrome"

by Rudy Simone – unsere Aha-Erlebnisse Jörg & Annemarie

„22 Dinge, die eine Frau wissen muss, wenn sie einen Mann mit Asperger-Syndrom liebt" von Rudy Simone behandelt die **Komplexität** von Beziehungen zwischen Frauen und Männern mit Asperger. Das Buch bietet Einblicke und praktische Ratschläge, um Frauen zu helfen, ihre Partner besser zu verstehen und die einzigartigen Herausforderungen dieser Beziehungen zu meistern. Es basiert auf Forschung und persönlichen Erfahrungen und zielt darauf ab, das Verständnis und die Kommunikation zu fördern. Das Buch stammt aus dem Jahr **2009**!

> Die Bücher (englisch und deutsch) sind aus meiner Sicht nicht mehr erhältlich.

Die 22 „Things" kurz erläutert

Hier spreche ich ganz prägnant das Hauptthema der 22 „Things" (Dinge) aus Rudy Simones Buch an. Es bedeutet NICHT, dass ALLE Themen auf Dich zutreffen, es geht vielmehr um die Frage, ob Du (und dein Partner oder deine Partnerin) sich in diesen Themen wiederfinden mit dem sog. **AHA-EFFEKT** ... ihr wisst, was ich meine? Markiere FÜR DICH die Punkte, die auf dich zutreffen.

1: „**Einsamkeit – Du bist nicht allein**": Betont, dass es viele Menschen mit Asperger gibt und dass man sich nicht isoliert fühlen muss; ein Beispiel: *„Obwohl er dich liebt, kann er sich nicht mit Dir verbinden"* oder „abgemachte Kompromisse sind keine Garantie".

2: „**Asperger ist ein Teil von dir**": Hier wird diskutiert, wie Asperger die Persönlichkeit beeinflusst und warum *es* wichtig ist, dies zu akzeptieren.

3: „**Die Herausforderung der Kommunikation**": Hier wird auf die Schwierigkeiten in der verbalen und nonverbalen Kommunikation eingegangen, wie z. B.: *„Wenn Du (PartnerIn) denkst, die Beziehung ist nun stark genug, wird es ihm evtl. zu langweilig!"*.

4: „**Veränderungen sind schwer**": Hier wird erklärt, warum Menschen mit Asperger oft Schwierigkeiten mit Veränderungen haben.

5: „**Der Umgang mit Reizen**": Beschäftigt sich mit der sensorischen Überempfindlichkeit, die viele Menschen mit Asperger erleben.

6: „**Dein Bedürfnis nach Struktur**": Betont die Bedeutung von Routinen und Struktur im Leben von Menschen mit Asperger.

7: „**Soziale Interaktionen**": Bespricht die Herausforderungen, die soziale Interaktionen und Beziehungen mit sich bringen – wie z. B. *„öffentliche Zuneigung zeigen ist nicht sein Ding!"*.

8: „**Die Liebe zum Detail**": Würdigt die Fähigkeit, sich auf Details zu konzentrieren und diese zu schätzen. Das ist ein Punkt, der auf mich persönlich nicht generell zutrifft. Meine Details liebe ich JA, aber NICHT die Details der ANDEREN!

9: „**Deine Interessen sind deine Leidenschaft**": Thematisiert, wie intensive Interessen eine zentrale Rolle im Leben spielen können.

10: „**Die Rolle von Empathie**": Korrigiert das Missverständnis, dass Menschen mit Asperger keine Empathie haben.

11: „**Der Umgang mit Emotionen**": Geht darauf ein, wie Emotionen erlebt und ausgedrückt werden.

12: **„Selbstfürsorge und Gesundheit"**: Betont die Wichtigkeit von Selbstfürsorge und das Vermeiden von Überlastung.

13: **„Freundschaften pflegen"**: Gibt Tipps zum Aufbau und Erhalt von Freundschaften.

14: **„Liebe und Beziehungen"**: Bespricht die Besonderheiten romantischer Beziehungen mit einem Asperger-Hintergrund – Etikettendenken? Z. B. *„Ich liebe Dich" sagen, geht das?* Oder *schau auf seine Aktionen, NICHT seine Worte!*

15: **„Die Herausforderung des Berufslebens"**: Erörtert die Schwierigkeiten und Möglichkeiten im Arbeitsumfeld. Wie ich eingangs im Buch gesagt hatte: Dass ich es 40 Jahre durch die Arbeitswelt geschafft habe, ist echt ein WUNDER!

16: **„Deine Einzigartigkeit als Stärke"**: Ermutigt dazu, die eigenen besonderen Fähigkeiten und Talente anzuerkennen.

17: **„Der Umgang mit Missverständnissen"**: Bespricht, wie Missverständnisse vermieden oder geklärt werden können.

18: **„Das Gleichgewicht finden"**: Betont die Wichtigkeit eines ausgeglichenen Lebensstils.

19: **„Die Bedeutung von Selbstakzeptanz"**: Erklärt, wie wichtig es ist, sich selbst mit all seinen Eigenschaften anzunehmen.

20: **„Die Unterstützung durch die Familie"**: Geht auf die Rolle der Familie und deren Unterstützung ein.

21: **„Die Kraft der Selbstreflexion"**: Fördert die Praxis, über die eigenen Gedanken und Verhaltensweisen nachzudenken.

22: **„Das Wissen um die eigene Zukunft"**: Ausblick darauf, wie man seine Zukunft positiv gestalten kann.

Alexithymia - no words for feelings!

Das betrifft meistens den Partner oder die Partnerin eines Aspergers.

Alexithymie bezeichnet die Unfähigkeit, eigene Gefühle und Emotionen verbal auszudrücken. Betroffene haben oft Schwierigkeiten, ihre Emotionen zu erkennen und zu benennen, was zu Problemen in zwischenmenschlichen Beziehungen führen kann. Diese Schwierigkeit kann auch die Empathiefähigkeit beeinträchtigen und das Verstehen der Emotionen anderer Menschen erschweren. Alexithymie wird häufig mit verschiedenen psychischen Erkrankungen, einschließlich Autismus-Spektrum-Störungen, in Verbindung gebracht. Weitere Informationen findest du auf den entsprechenden Fachwebseiten oder in wissenschaftlichen Artikeln über das Thema:

- **CAD(D):** Cassandra Affective Deprivation Disorder: Cassandra Affective Deprivation Disorder (CAD(D)) ist ein psychologisches Konzept, das sich auf die emotionalen und psychologischen Probleme bezieht, die aus einem Mangel an emotionaler Unterstützung und Zuneigung resultieren. Oft wird es mit dem Gefühl beschrieben, ungeliebt zu sein oder ignoriert zu werden, was zu Depressionen, Angstzuständen und anderen emotionalen Schwierigkeiten führen kann. Die Betroffenen können Schwierigkeiten haben, enge Beziehungen aufzubauen oder aufrechtzuerhalten, und fühlen sich häufig isoliert.

- Der Begriff CADD wird hauptsächlich in **Selbsthilfegruppen** und Foren verwendet und bezieht sich auf das **emotionale Leiden**, das Menschen erleben können, wenn sie in einer engen Beziehung zu jemandem stehen, der eine Autismus-Spektrum-Störung (ASD) wie z. B. das Asperger-Syndrom hat.

Das Asperger-Syndrom ist eine „Unordnung" autistischer Art … less visible – also von außen nicht erkennbar!

Das Asperger-Syndrom gehört zu den autistischen Störungen und ist oft weniger sichtbar, da es sich nicht immer durch offensichtliche Verhaltensweisen äußert. Menschen mit Asperger haben häufig Schwierigkeiten in der sozialen Interaktion, zeigen jedoch oft spezifische Talente oder tiefgehende Interessen. Die Symptome können variieren, und die Diagnose erfolgt häufig erst im Erwachsenenalter. Das Syndrom ist gekennzeichnet durch besondere Wahrnehmungen und Denkweisen, die sich von der neurotypischen Norm unterscheiden.

⇨ Sei sanft zu den Menschen, die du triffst. Ihr äußeres Erscheinungsbild stimmt möglicherweise nicht mit ihrem inneren Wesen überein.
⇨ Diffability (not disability): Differenzierbarkeit bezieht sich auf die Auffassung, dass *Unterschiede in Fähigkeiten, wie sie bei Menschen mit Behinderungen auftreten, nicht als Defizite, sondern als Variationen menschlicher*

Fähigkeiten betrachtet werden sollten. Dieser Ansatz fördert die Akzeptanz und das Verständnis von Vielfalt und Individualität. Statt den Fokus auf Einschränkungen zu legen, wird hervorgehoben, wie unterschiedliche Fähigkeiten die Perspektiven und Beiträge jedes Einzelnen bereichern können. Diffability ermutigt dazu, die Stärken und Talente von Menschen zu erkennen und wertzuschätzen, unabhängig von ihren Herausforderungen.

⇨ Menschen mit Asperger-Syndrom (AS) weisen oft außergewöhnliche Fähigkeiten oder Talente auf, können jedoch in sozialen und emotionalen Interaktionen von der Norm abweichen. Sie reagieren manchmal anders auf soziale Hinweise und zeigen unterschiedliche emotionale Muster, was zu Missverständnissen führen kann. Diese Unterschiede sind Teil ihrer neurologischen Vielfalt und sollten als solche anerkannt werden, anstatt als Einschränkungen wahrgenommen zu werden!

⇨ Das Asperger-Syndrom (AS) wird als neurologische Variante betrachtet und nicht als psychologische Erkrankung. Es ist eine Form von Autismus, die sich durch besondere neurologische Strukturen und Funktionsweisen auszeichnet, die das soziale Verhalten und die emotionale Verarbeitung beeinflussen. Menschen mit AS erleben die Welt anders und haben spezifische Stärken und Herausforderungen, die auf neurologischen Unterschieden basieren!

WEIRDO – der Unterschied macht es aus

Ein Versuch ES zu beschreiben: **Zu seltsam, um normal zu sein, aber zu normal, um autistisch zu sein – genau da liegt das Asperger-Syndrom.**

Diese unsichtbare Lücke, in der jeder denkt, du seist einfach ein komischer Kauz, weil du deine Schwierigkeiten versteckst. #andersnichtweniger

Es ist das Ergebnis einer anderen ‚Verdrahtung' im Gehirn.

- Was ist die größte Herausforderung: Führen von romantischen Beziehungen.
- Warum ist das so? Es ist so, weil das Gehirn bei Menschen mit Asperger-Syndrom oder Autismus anders vernetzt ist, was verschiedene Bereiche wie Kommunikation, Erwartungshaltung, Sozialisierung und sensorische Verarbeitung beeinflusst.
- Kommunikation: Die Art und Weise, wie Informationen verstanden und ausgedrückt werden, kann anders sein. Das betrifft sowohl verbale als auch nonverbale Kommunikation, wie z. B. Körpersprache oder Tonfall.
- Erwartung: Soziale Normen oder ungeschriebene Regeln werden oft nicht intuitiv erfasst. Menschen mit Asperger haben oft Schwierigkeiten, Erwartungen anderer zu deuten oder passende Reaktionen darauf zu entwickeln.

- Sozialisierung: Der Umgang mit anderen Menschen kann herausfordernd sein, da die sozialen Signale und Dynamiken komplex und schwer durchschaubar erscheinen. Soziale Interaktionen erfordern oft viel mehr bewusste Anstrengung.
- Sensorik: Sensorische Wahrnehmungen – wie Geräusche, Licht oder Berührungen – werden intensiver oder anders verarbeitet. Dies kann dazu führen, dass alltägliche Situationen als überfordernd empfunden werden.

Sage mir, was du denkst ... WAS DENKE ICH?

Ungefähr so sieht es im Gehirn aus! Jetzt kennst du dich aus.

Themen für den Partner oder die Partnerin: CAD-Symptome

Hier nun eine Auflistung der Symptome, welche bei Partnern von AS'lern auftreten können:

- low self-esteem – **geringes Selbstwertgefühl** oder **niedriges Selbstwertgefühl**. Es beschreibt einen Zustand, in dem eine Person ein negatives oder unzureichendes Bild von sich selbst hat. Menschen mit niedrigem Selbstwertgefühl fühlen sich oft unsicher, unzulänglich oder weniger wertvoll im Vergleich zu anderen.
- Verwirrt oder irritiert sein: Es beschreibt einen emotionalen Zustand, in dem jemand Schwierigkeiten hat, eine Situation, Informationen oder Gefühle zu verstehen oder zu verarbeiten.
- Gefühle von Zorn, Angst, Depression
- Schuldgefühle: Es handelt sich um emotionale Reaktionen, die auftreten, wenn eine Person glaubt, gegen ihre eigenen moralischen Standards, Werte oder Erwartungen verstoßen zu haben.
- Entpersönlichung: beschreibt einen Zustand, in dem eine Person das Gefühl hat, von sich selbst oder ihrer Umgebung losgelöst oder entfremdet zu sein. Dieser Zustand kann sehr beunruhigend sein und wird häufig mit Angst, Stress oder bestimmten psychischen Erkrankungen in Verbindung gebracht.
- (Soziale) Phobien: sind Arten von Angststörungen, die das soziale Leben und die Lebensqualität einer betroffenen Person erheblich beeinträchtigen können.
- Post-traumatische Reaktivität: bezieht sich auf die emotionalen und physiologischen Reaktionen, die eine Person nach einem traumatischen Erlebnis erlebt. Diese Reaktivität ist ein zentraler Bestandteil von **Posttraumatischer Belastungsstörung (PTBS),** einer psychischen Erkrankung, die auftreten kann, nachdem jemand extrem belastende oder traumatische Ereignisse erlebt hat.

- Zusammenbruch (emotionale oder psychologische Krise): bezieht sich auf eine Phase intensiven psychischen Stresses, die dazu führt, dass eine Person nicht mehr in der Lage ist, im Alltag normal zu funktionieren.

Das riesige Dilemma eines AS

Dieses Bild sagt mehr als tausend Worte: SAGEN oder NICHT SAGEN?

1. Roter Knopf links: ICH SAGE ES: Den Leuten zu sagen, dass ich autistisch bin, und wegen ihrer Fehlwahrnehmung über Autismus beurteilt zu werden?
2. Roter Knopf rechts: ICH SAGE ES NICHT: Nicht zu sagen, dass ich autistisch bin, und wegen meiner Unbeholfenheit beurteilt zu werden.

Kapitel 4: **Positives zum AS**

Es gibt sehr, sehr, sehr viel Positives zu berichten, wie z. B.:

Ehrlich und direkt, mitfühlend und verzeihend, exzellentes Gedächtnis und kreativ, Beobachtungsfähigkeiten, zuhören, lernorientierter Ansatz, Aufmerksamkeit für Details, weniger geneigt, andere zu verurteilen

Einzigartiger Denkprozess, Mustererkennung, Wiederholungen, tiefgehendes Wissen über Themen/Interessen, empathisch gegenüber Menschen und Tieren, hinterfragen Normen, unverwechselbare Vorstellungskraft

Was trifft auf dich zu? Diese Leute sind sehr gut zu „gebrauchen" in der IT!

Neurodiversität: die wahre Kraft des autistischen Geistes freisetzen

- **Aufmerksamkeit für Details**
  - Gründlichkeit
  - Genauigkeit
- **Tiefe Konzentration**
  - Konzentration
  - Freiheit von Ablenkungen
- **Beobachtungsfähigkeiten**
  - Zuhören, schauen, lernen
  - Faktenfindung
- **Wissen absorbieren und behalten**
  - Exzellentes Langzeitgedächtnis
  - Überlegene Behaltensfähigkeit
- **Visuelle Fähigkeiten**
  - Visuelles Lernen und Erinnern
  - Detailfokussierung
- **Fachwissen**
  - Tiefgehendes Wissen
  - Hoher Fähigkeitsgrad
- **Methodischer Ansatz**
  - Analytisch
  - Mustererkennung, Wiederholung
- **Neue Ansätze**
  - Einzigartige Denkprozesse
  - Innovative Lösungen
- **Kreativität**
  - Unverwechselbare Vorstellungskraft
  - Ausdruck von Ideen
- **Hartnäckigkeit und Resilienz**
  - Entschlossenheit
  - Meinungen herausfordern
- **Akzeptanz von Unterschieden**
  - Weniger geneigt, andere zu verurteilen
  - Könnte Normen hinterfragen

- **Integrität**
  - Ehrlichkeit, Loyalität
  - Engagement

Jede Erfahrung mit Autismus ist einzigartig

Niemand identifiziert sich mit jedem positiven Merkmal von Autismus. Wir alle haben individuelle Fähigkeiten, Eigenschaften und Charakterzüge, die so einzigartig sind wie unsere Persönlichkeiten – **dies ist die Kraft der Neurodiversität.**

Finde heraus, was auf dich zutrifft! So viele tolle Fähigkeiten, geil!

Kapitel 5: **Versuche, meine Gefühle zu verstehen**

Autismus ist keine Krankheit. Versuche nicht, ihn zu heilen. Versuche, ihn zu verstehen.

ODER: VERSTEHE „ES" ZU VERSTEHEN

Unter jedem Verhalten liegt ein Gefühl. Und unter jedem Gefühl liegt ein Bedürfnis. Und wenn wir dieses Bedürfnis erfüllen, anstatt uns auf das Verhalten zu konzentrieren, beginnen wir, die Ursache und nicht das Symptom zu behandeln.

Warum verhalte ich mich gerade SO? Gefühle und Emotionen stecken dahinter!

Ja, ich bin autistisch und hasse Small Talk

• Ja, ich mache Fehler	-> und weiß es nicht!
• Ja, ich sage die „falschen" Dinge	-> UNABSICHTLICH!
• Bitte: versuche es zu verstehen	-> und sage mir liebevoll, wenn ich „falsch" liege.

Es ist lieb von Dir, mir so zu helfen, damit ich mich nicht wundern muss resp. ich mir keine Sorgen mache oder ich mich beleidigt fühle, DANKE.

Bitte kein Small Talk: AS liebt interessante Gesprächsstoffe. Sein Intellekt will gefordert sein!

- Ich will über Atome, den Tod, Aliens, Sex, Magie, den Intellekt, die Bedeutung des Lebens, entfernte Galaxien, die Lügen von dir, deinen Akzent, deine Kindheit, was dich nachts bewegt, deine Unsicherheit und Ängste reden.
- Ich liebe Menschen mit Tiefe, welche mit Emotionen eines verdrehten Verstandes sprechen.
- Ich will nicht wissen, was gerade los ist!

Leadership: Wie gehst du mit Menschen um?

- Ich bin nicht beeindruckt von Geld, sozialem Status oder deiner Jobbezeichnung.
- Ich bin beeindruckt, wie jemand andere Menschen behandelt.
- Link zu meinem BLOG: Leadership (adobe.com)[5]

> ⇨ Eigentlich ist der AS ein Leader-Typ!

Emotionale Leere und Einsamkeit ... stelle es dir so vor:

*„**Ein einsames, kleines menschliches Wesen steht in einer endlos** weiten, leeren Landschaft. Der Horizont ist kaum erkennbar, als wäre die Person in einem grenzenlosen Raum verloren. **Die Figur könnte einen langen, dramatischen Schatten werfen, der in der** Dunkelheit verblasst. Das Licht ist schwach, fast wie ein Spotlight, das nur diese Person erhellt, während der Rest des Raums dunkel und unergründlich bleibt. **Elemente wie Nebel, raue Oberflächen oder zersplitterte Strukturen** können das Gefühl von Unsicherheit und fehlender Richtung verstärken. Einsame Motive wie ein verlassenes Gebäude, eine verschlossene **Tür oder ein leerer Stuhl.** Harte Kontraste zwischen Schwarz und Weiß zeigen die innere Zerrissenheit und Verlorenheit!"*

> ⇨ Nimm bitte alles nicht so ernst, was der AS sagt!

Non-verbal bedeutet NICHT, nicht zu hören.
Non-verbal bedeutet NICHT, nicht zu denken.

---

5 https://new.express.adobe.com/webpage/RD5MvteGYOrNs

„WISSEN"	(UNTER-)BEWUSSTSEIN	TRANSFORMATION	GLÜCK UND LIEBE
- 80/20 (Eisberg, Kommunikation, Unterbewusstsein, ...)	- 95% funktionieren wir über das Unterbewusstsein -> Epigenetik	- Bewusste Kompetenz	- Glück: Frieden mit sich selber gefunden! ☺ ☺
- EDSO: Johnny Bravo (Oxytocin, Kortisol), Gene, Glücksforschung	- Unbewusste Inkompetenz	- Complaint free world	- Liebe: Oxytocin ausschütten und in Liebe DENKEN, HANDELN, FÜHLEN, SPRECHEN
- GALLUP (Stärken)	- Bewusste Inkompetenz	- Verhalten und Motivation leben	- Jeder Tag ist Honeymoon
- TTI/MDI (Verhalten und Motivation)	- Unbewusste Kompetenz	- Stärken leben	-> Epi-Genetik
- Maslowsche Pyramide!	- Bewusste Kompetenz	- Hormone aktiv beeinflussen	
- Positive Psychologie	- Der Auto-Pilot KANN transformiert werden	- Unterbewusstsein aktiv umprogrammieren (so wie Mr Anderson!)	
- Atem, Sauerstoff und CO2 (Apnoe)	- In Positivität und Wertschätzung DENKEN, HANDELN, REDEN	- Bewusst durchs Leben gehen	
- Gesundheit (Thymmus, Luft, Bewegung, ...)	- Gesetz der Anziehung	- Aktives ZUHÖREN	
- Yoga, Meditation, Chi gong, Tai Chi, ...	- Ursache – Wirkung	- Wachsen	
- Klima und CO2	- Sudern bringt nix!!!!	- Verändern	
- 6-Minuten-Tagebuch!		- 6-Minuten-Tagebuch weiterführen	

Non-verbal bedeutet NICHT, nicht zu fühlen.
Non-verbal bedeutet NICHT, nicht zu verstehen.

⇨ Vielfach fehlt das Verbale beim AS, er hört aber sehr genau zu … und vieles mehr!

Manchmal muss ich alleine sein.
Ich bin nicht traurig.
Ich bin nicht wütend.
Ich lade nur meine Batterien auf.
Ja, wenn die Batterie leer ist, brauch der AS SEINE ZEIT!

SHUTDOWN - das schlimmste Szenario!

Der SHUTDOWN beschreibt es sehr gut!

Wenn ES passiert, lass mich einfach gehen: Die Verarbeitung schaffe ich NUR ALLEINE!
Wenn ich abschalte, dann schalte ich komplett ab.
Ich will nicht reden, ich will nicht von Menschen umgeben sein.
Ich will nicht ans Telefon gehen.
Ich will nicht gestört werden.
Lass mich einfach durch das gehen, was ich durchmachen muss.
Ich werde wieder in Ordnung sein.

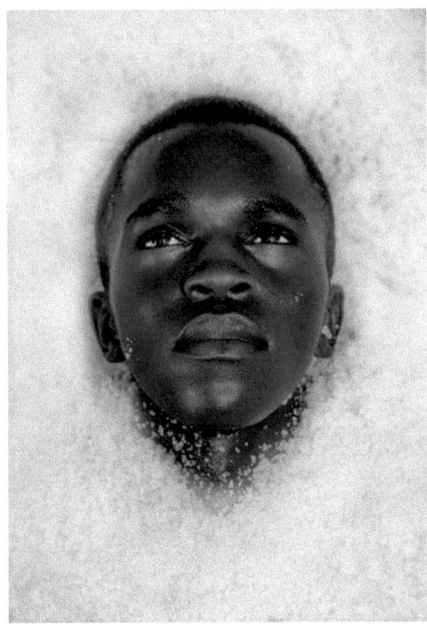

⇨ Stelle dir Windows vor: Du machst gemäß dem Menü einen „Shutdown". Dieser Shutdown dauert ein paar Sekunden.

⇨ Ein Shutdown bei einem AS ist innerhalb von **Milli-Sekunden** möglich!

⇨ Welche Symptome treten auf: Der AS wendet sich ab, ist nicht mehr ansprechbar. Falls möglich, schau einfach in seine/ihre Augen und du weißt es! Wobei es sein kann, dass er/sie sich bereits in seine „Höhle" zurückgezogen hat. So schnell kann das gehen.

Kapitel 6: **weitere Tipps – die Batterie!**

⇨ Erstelle unbedingt eine Alert Card. Die ist sehr hilf-reich!

So entlädt sich die Batterie

⇨ Mit bla bla bla (Small Talk) entlädt sich die Batterie sehr
schnell!

⇨ Oberflächlichkeit, igitt!

⇨ Zu viele Menschen geht gar nicht!

⇨ Ich bin zu schlau für Idioten!

⇨ Politiker bitte gleich in die Tonne!

⇨ Uns ganz wichtig: Patriarchen schieße ich auf den Mond!

Eine verkehrte Welt

Ja, das sind die zwei Welten eines Paares. Das ist alles andere als einfach. Auch bei mir und meiner Annemarie! Achte auf den Balken in der Mitte: Er wird immer größer! Versuche, beide „Sichtweisen", was gesagt wird, zu verstehen!

Links vom grauen Balken in der Mitte	Rechts davon
Ich will nicht mehr verletzt werden!	Ich weiß nicht, was von mir erwartet wird.
Ich fühle mich LEER.	Ich fühle mich inkompetent.
Wir müssen reden.	Ich habe Angst.
Nicht schon wieder.	Ich bin gerade völlig überwältigt von Gefühlen.
Ich bin wütend.	SHUTDOWN
Ich fühle mich alleine.	Ich fühle mich missverstanden.

Even if I don't want to go,
I still want to be invited.

⇨ Eben eine verkehrte Welt: „Ich WILL eingeladen werden, obwohl ich gar nicht hingehen will!"

Toxische Menschen

⇨   Diese Menschen tun uns AS nicht gut!

- Sie ignorieren meine Bedürfnisse.
- Sie sagen mir immer, dass ich falschliege!
- Sie geben mir ein schlechtes Gefühl.
- Sie werden eifersüchtig, weil ich erfolgreich bin und Ziele erreiche!
- Sie entschuldigen sich nicht!
- Sie halten meine Grenzen nicht ein und überschreiten sie sogar!
- Sie manipulieren mich, um das zu bekommen, was sie wollen.
- Sie spielen immer das Opfer!
- Sie beurteilen mich ständig.

Kapitel 7: **Expertenwissen und Hilfe**

Dr. William J. Walsh – PhD

ist ein amerikanischer Wissenschaftler und Forscher, der für seine Arbeit im Bereich der biochemischen Individualität und der Behandlung von Verhaltensstörungen und mentalen Erkrankungen bekannt ist.

goto https://dr-risk.com/nutrient-power-for-illness-with-dr-william-walsh/

Hintergrund

Dr. Walsh ist der Gründer des non-profit **Walsh Research Institute** in der Nähe von Chicago und hat einen **Doktortitel** in Chemieingenieurwesen. Er hat jahrzehntelange Erfahrung in der Forschung und Behandlung von **neurologischen Störungen wie Autismus (Asperger inkl.), Depression, Schizophrenie und ADHS.**

goto https://www.walshinstitute.org/clinical-resources.html

500 Doktoren weltweit wenden sein Wissen an, so auch Frau Dr. Föhr-Keller in der Schweiz! Sie betreut u. a. Spitzensportler.

Arbeit

Er ist bekannt für seine Entwicklung von „**Nutrient Therapy**" (**Nährstofftherapie**), einer Methode, die sich auf die **biochemische Individualität** von Menschen konzentriert. Er argumentiert, **dass viele psychische Störungen auf biochemischen Ungleichgewichten beruhen**, die durch gezielte Nährstofftherapie behandelt werden können.

Dr. Walsh hat mehrere Bücher und **wissenschaftliche Artikel** veröffentlicht, darunter „**Nutrient Power**", das sich mit den biochemischen Grundlagen von psychischen Störungen befasst.

Hinweis: Es kann eine Weile dauern, bis das Buch wirklich ankommt!

Einführung in die biochemische Individualität

- Dr. Walsh erklärt das Konzept der biochemischen Individualität, wonach jeder Mensch einzigartige biochemische Eigenschaften hat, die seine Gesundheit und seine Reaktion auf Nahrung und Medikamente beeinflussen.
- Er stellt die Idee vor, dass psychische Störungen oft durch **biochemische Ungleichgewichte** verursacht werden und dass eine **individuelle Nährstofftherapie** helfen kann, diese **Ungleichgewichte zu korrigieren**.

Schlüsselbiochemien und ihre Rolle bei psychischen Störungen:

- **Methylierung**: Der Autor erörtert die Bedeutung der Methylierung, ein zentraler biochemischer Prozess, der viele Körperfunktionen, einschließlich der Gehirnfunktion, beeinflusst. Er geht auf die Auswirkungen von Über- und Unter-Methylierung auf die psychische Gesundheit ein.
- **Kupfer- und Zinkungleichgewichte**: Walsh diskutiert, wie Ungleichgewichte in den Spurenelementen Kupfer und Zink zu psychischen Störungen wie **Depressionen** und **ADHS** beitragen können.
- **Pyrrolurie**: Ein biochemischer Zustand, bei dem übermäßig viele Pyrrole produziert werden, was zu einem Mangel an **Zink** und Vitamin **B6** führen kann, was wiederum psychische Symptome verursacht.

Behandlung von psychischen Erkrankungen durch Nährstofftherapie:
- Dr. Walsh beschreibt spezifische Nährstoffprotokolle für die Behandlung von Erkrankungen wie Schizophrenie, bipolare Störung, Depressionen, ADHS und Autismus.
- Er betont, dass die Nährstofftherapie auf den individuellen biochemischen Profilen der Patienten basieren sollte und keine Einheitslösung ist.

Fallstudien und Beweise:
- Das Buch enthält zahlreiche Fallstudien, die die erfolgreiche Anwendung der Nährstofftherapie bei verschiedenen Patienten zeigen.
- Walsh stützt seine Argumente auf umfangreiche Forschungsergebnisse und seine langjährige klinische Erfahrung.

Zukunftsperspektiven:
- Dr. Walsh plädiert für eine größere Integration der biochemischen Medizin in die psychiatrische Praxis und stellt seine Vision für die Zukunft der mentalen Gesundheitsversorgung vor.

Zielgruppe und Nutzen:
- Das Buch richtet sich an Menschen, die unter psychischen Störungen leiden, an ihre Familienangehörigen und Betreuer sowie an Fachleute im Gesundheitswesen.
- Es bietet eine alternative Sichtweise auf die Behandlung von psychischen Erkrankungen und schlägt vor, dass viele dieser Erkrankungen mit einer natürlichen, nährstoffbasierten Therapie angegangen werden können.

Frau Dr. Föhr-Keller – meine Therapeutin

goto https://praxisfoehrkeller.ch/
Es gibt einen 7-Seiten-Fragen-Katalog zum Ausfüllen.
Ich als AS bin bei Frau Dr. Föhr-Keller „in Behandlung" – genial!
Nährstoffe bis zum Abwinken … es kostet natürlich a bisserl a Göd!

Präparat/Hersteller	Wirkstoff, Vitamin, …	Dosierung	Anwendung
morgens (essensunabhängig?)	*viel Wasser trinken!!!*		
Nature Love	Vitamin D3 und K2	1000-2000 I.E.	2 Tropfen morgens
nach den Mahlzeiten			
Biogena Ester C	Vitamin C	500mg pro Kapsel	1-1-0
Biogena Ubiquinol CoQ10 vegang	Vitamin B2&E	100mg	2-2-0; Ende August 1-1-0
Biogena Vitamin E natural vegan	Vitamin E volles Spektrum		1-0-1
Natures Plus Vitamin B6 - iHerb	Vitamin B6	100mg	1-1-0
Apotheke P5P	Coenzyme B6	50mg	1-1-0
Biogena Selenit	besser als organisches Selen	200mg	3x1 Kapsel pro Woche
Nattokinase - Apotheke.at	u.a. Soja-Bohnen	100mg	1-0-0
Sunday Methylcobalamin 2'000 mcg	Vitamin B12 (Homocystein)		1-0-0 oder 0-1-0
nach dem Abendessen / vor dem Schlafen gehen			
Biogena CalMaCit	Calcium-Magnesium-Verhältnis		
Zinkpicolinat	IMMUN-System	ZIELDOSIERUNG 90 mg	jede Woche 15mg erhöhen
Pure Zinkpicolinat	IMMUN-System	30 mg	0-0-0-3
Darm			
Biogena ColonBalance	Ballaststoff	300g	1x1 pro Tag
Biogena Omni Lactis 20	Lacto- und Bifido-Bakterienstämmen	300g	1x1 pro Tag

Das ist meine Therapie-Liste … ENTGIFTEN und alles richtig-stellen v. a. im Gehirn!

Kapitel 8: Checkliste und Mindmap

Checkliste unbedingt beachten!

Bevor du irgendwelche Medikamente, Vitamine, Nährstoffe oder Phytostoffe zu dir nimmst, beachte nachfolgende Checkliste!

1. Erstelle eine **Biografie** von dir oder der Person, bei welcher du AS vermutest. Notiere alles, was Dir **spontan** in den Sinn kommt: spezielle Fähigkeiten, Auffälligkeiten, besondere Ereignisse etc.
2. Siehe Kapitel 3: Lies das Buch *„22 Dinge, die eine Frau wissen muss“*: **Wie viele AHA-Erlebnisse** hattest du beim Lesen des Buches? Das liefert dir die ersten **möglichen Erkenntnisse,** ob die betroffene Person ein AS-Syndrom haben könnte.
3. Geh zu einer/m **anerkannten TherapeutIn**, welche spezialisiert ist auf Autismus im Generellen und auf **Asperger** im Speziellen. Wie lautet das Ergebnis? Hast Du die Diagnose **F84.5**? Nachfolgend der Link, wo du ein Dokument herunterladen kannst, in welchem auf **Seite 37** F84.5 auftaucht. goto https://www.who.int/publications/i/item/9241544228
4. Mache auch ruhig *Online-Tests im Internet. z. B. das „Adult Asperger Assessment“. Du findest den Test über die* Google-Suche.
5. Lasse einen kompletten **Bluttest (nennt sich meistens großes Blutbild)** erstellen: Wirklich **ALLES testen lassen in einem Labor (evtl. in Deutschland und/oder USA).**
6. Die Kosten liegen eher im vierstelligen Euro/CHF-Bereich.
7. alle Vitamine inkl., Vitamine A, B12, ... einfach alle
8. Serotonin
9. Homocystein
10. DHEA-S, Pregnenolonsulfat
11. Siehe Kapitel 8: gehe zu einem/r **TherapeutIn/SpezialistIn**, die sich auskennt, wie man, z. B. nach dem **Walsh**-Verfahren

(siehe weiter unten in diesem BLOG) die Person am besten mit Vitaminen und dergleichen einstellt.

12. **Blutwäsche**: Jedes Jahr zweimal eine **Apherese** oder eine **Inuspherese** machen: Jeweils **2 Tests kurz hintereinander** (1-2 Tage Abstand). Richtig: Auch das kostet einiges! **Meine Frau** hat eine Inuspherese gemacht: **sie fühlt sich viel besse**r!!

Siehe Klassifikation nach ICD-10!

z. B. das „*Adult Asperger Assessment*": via Google-Suche findest Du es.

Mindmap – komplexe Informationen visuell organisieren und darstellen

Diese Mindmap kann dir eine wertvolle Unterstützung bieten. Ich stelle sie dir gerne zur Verfügung, denn eine Mindmap ist genau das, was ein Asperger liebt, um seine Gedankengänge und Ideen strukturiert auszudrücken. Am besten funktioniert das mit dem Mindjet Mind Manager. Falls du diesen nicht hast, kann ich dir alternativ die HTML-Version bereitstellen.

Du kannst die „Äste" auf- oder zuklappen, zum Beispiel „Erklärungen" ganz oben links, dann erscheint dieses Bild.

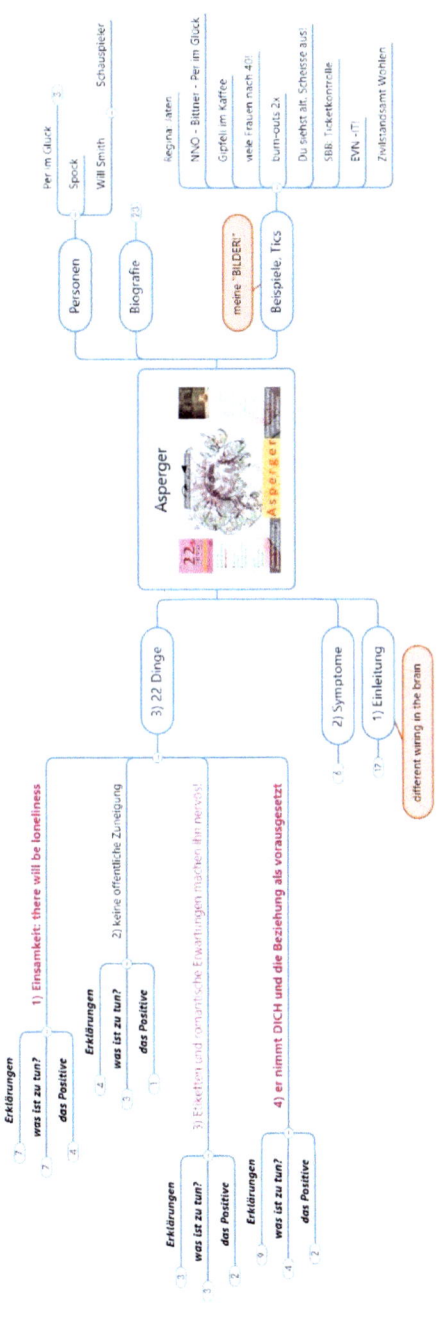

Asperger

Personen
- Per m Gluck
- Spock
- Willi Smith — Schauspieler

Biografie

meine "BILDER"

Beispiele, Tics
- Regina laten
- NNO - Bittner - Per im Glück
- Gipfeli im Kaffee
- viele Frauen nach 4?!
- burn-outs 2x
- Du siehst alt, Scheisse aus!
- SBB Ticketkontrolle
- EVN, -IT!
- Zivilstandsamt Wohlen

3) 22 Dinge

1) Einsamkeit: there will be loneliness
- *Erklärungen*
- *was ist zu tun?*
- *das Positive*

2) keine öffentliche Zuneigung
- *Erklärungen*
- *was ist zu tun?*
- *das Positive*

3) Erotik und romantische Erwartungen machen ihn nervös!
- *Erklärungen*
- *was ist zu tun?*
- *das Positive*

4) er nimmt DICH und die Beziehung als vorausgesetzt
- *Erklärungen*
- *was ist zu tun?*
- *das Positive*

2) Symptome

1) Einleitung

different wiring in the brain

Epilog: zu guter Letzt – „Des Rätsels Lösung"

Richtig: Alle Worte, welche ich mit „" gekennzeichnet habe, „verbergen" eine Botschaft, welche jeder und jede von Euch subjektiv interpretieren dürfts („dürfts" ist übrigens eine typische österreichische grammatikalische Ausdrucksform).

Goodies von JUSSDJG

Die Stärken von Jörg, dem Asperger, sind u. a. seine journalistischen, musikalischen, ethischen und BLOG-Fähigkeiten. Er stellt viel Wissen gratis zur Verfügung: Es gibt meistens eine Mindmap bei jedem Themengebiet, das du einfach anklicken kannst und dann findest du in der Mindmap Hunderte von Links auf Webseiten, die dir viel verraten.

JUSSDJG – Journalismus: 02 – Journalismus – JUSSDJG.com[6]

---

6 https://www.jussdjg.com/

Der Autor

Jörg aka JUSSDJG – Ein Leben zwischen Code, Erkenntnis und Aufklärung
1964 in der Schweiz geboren, fand Jörg erst spät die Antwort auf viele Fragen: Asperger-Syndrom. Seitdem setzt er sich leidenschaftlich dafür ein, Betroffene und deren Angehörige aufzuklären, ihnen den Alltag zu erleichtern und wertvolle Tipps weiterzugeben. Basis: Jahrzehnte lange Erfahrung!
Vierzig Jahre lang war Jörg in der IT-Welt zu Hause, doch sein Blick geht weit über den Bildschirm hinaus. Als Vater von zwei Kindern aus erster Ehe, Weltenbummler mit besonderer Liebe zu Thailand und glücklicher Ehemann seit 2017, verbindet er technisches Denken mit tiefem menschlichen Verständnis.
Wenn er nicht gerade an Ratgebern schreibt, ist Jörg ein Mann vieler Interessen: Schwimmen, Radfahren, Radioproduktionen, Blogartikel über Gesundheit, Psychologie, Patriarchat, Populismus und vieles mehr – mit scharfem Verstand, klaren Worten und einem Herz für das, was wirklich zählt.

Der Verlag

*Wer aufhört
besser zu werden,
hat aufgehört
gut zu sein!*

Basierend auf diesem Motto ist es dem novum Verlag ein Anliegen, neue Manuskripte aufzuspüren, zu veröffentlichen und deren Autoren langfristig zu fördern. Mittlerweile gilt der 1997 gegründete und mehrfach prämierte Verlag als Spezialist für Neuautoren in Deutschland, Österreich und der Schweiz.

Für jedes neue Manuskript wird innerhalb weniger Wochen eine kostenfreie, unverbindliche Lektorats-Prüfung erstellt.

Weitere Informationen zum Verlag und seinen Büchern finden Sie im Internet unter:

w w w . n o v u m v e r l a g . c o m

Bewerten
Sie dieses **Buch**
auf unserer
Homepage!

w w w . n o v u m v e r l a g . c o m